AF257279

QUELQUES CONSÉQUENCES

DU

PRINCIPE ÉGALITAIRE

PAR

J... B...

———————

Prix : 1 fr. 50

———————

PARIS

GUILLAUMIN ET Cᵉ, LIBRAIRES

QUELQUES CONSÉQUENCES

DU PRINCIPE ÉGALITAIRE

PARIS. — TYPOGRAPHIE A. HENNUYER, RUE DARCET, 7.

QUELQUES CONSÉQUENCES

DU

PRINCIPE ÉGALITAIRE

PAR

J... B...

PARIS

GUILLAUMIN ET Cᵉ, LIBRAIRES

ÉDITEURS DU JOURNAL DES ÉCONOMISTES
DU DICTIONNAIRE UNIVERSEL DU COMMERCE ET DE LA NAVIGATION
DU DICTIONNAIRE DE L'ÉCONOMIE POLITIQUE, ETC.
RUE RICHELIEU, 14

1881

QUELQUES CONSÉQUENCES

DU

PRINCIPE ÉGALITAIRE

De même qu'une semence tombée sur une terre favorable, le principe de l'égalité, tombé sur la terre de France, y poussa promptement de profondes racines. Ce n'est pas la Révolution qui l'inventa, c'est lui qui fit la Révolution. L'esprit français est généreux, ardent et léger. Il s'éprit de ce principe, qui lui parut grand et simple, sans seulement en soupçonner les conséquences pratiques. Personne ne fut plus étonné du caractère que prit la Révolution que les gentilshommes, assez nombreux, qui avaient applaudi à ses débuts, en croyant au retour de l'âge d'or.

La France moderne vit maintenant de ce principe ; en regardant de près, on le retrouve au fond de toutes les questions contemporaines. Si l'on s'était borné à réclamer l'égalité des citoyens devant la loi, on serait resté dans les bornes d'une sagesse évidente et le mot *égalité* serait synonyme de celui de *justice*. Mais ce mot, à double sens, fut entendu autrement. Le peuple qui l'acclama entendit par là égalité dans l'ambition, en attendant que ce pût être dans la jouissance.

Dès lors s'organisa un parti politique qui comprit qu'en flattant cette espérance, il deviendrait le maître. La Révolution, fondée pour détruire les anciens préjugés, en avait enfanté quelques autres. Les esprits les plus sages, au commencement du siècle, ne parvinrent pas toujours à s'en affranchir. Nos lois, notamment en ce qui concerne la famille, portent parfois l'empreinte de cette terreur superstitieuse d'un retour au passé, comme s'il était possible. Le parti populaire exploita ces terreurs; il flatta ces espérances; sincère chez les uns, ambitieux chez les autres, il modifia toutes les institutions pour les frapper au coin de l'égalité, et il ébranla profondément ce qui reste de l'ancienne société française, spectatrice, sans s'en apercevoir ou sans s'en émouvoir, de sa propre destruction. Ce parti populaire a parfois l'apparence de rendre des services à la masse, mais il n'en rend qu'à lui-même. C'est là la démocratie.

On peut citer des hommes qui n'étaient pas du peuple, et qui sont entrés dans le parti populaire ; tel, le marquis de La Fayette ; réciproquement, bien des ouvriers et des paysans n'en sont pas ; tels sont les Vendéens, et, de nos jours, beaucoup qui assistent aux offices religieux.

Je ne m'ocupe ici que de la France. Je n'ai pas à chercher ce qu'était la démocratie dans l'antiquité, mais bien ce qui se passe autour de nous. Il y a ici un parti tout-puissant, qui s'appelle démocratie, dont les tendances et les maximes s'infiltrent tous les jours davantage dans le pays, et qui a puissamment contribué à détruire l'ancienne France. C'est ce parti dont je voudrais étudier l'influence sur nos idées et sur nos mœurs, au point de vue des conséquences qu'il a et qu'il aura.

I

L'aversion de la noblesse.

Quelque délicate que soit de nos jours une pareille question, je suis forcé de dire un mot de la hiérarchie sociale en elle-même, et considérée en principe.

Le premier besoin qu'éprouve l'esprit, en présence de deux personnes, est de les distinguer par quelque côté. L'une des deux sera plus belle, ou plus riche, ou plus intelligente, mais il y aura toujours entre elles quelques différences. Il faut même souhaiter qu'il en soit ainsi, et ce serait un bien mauvais père de famille, celui qui ne s'efforcerait de donner à ses enfants aucune supériorité d'aucune sorte, et qui n'ambitionnerait pour eux que l'élévation résultant de la simple dignité d'homme.

La démocratie posa un principe nouveau, celui de l'égalité absolue ; elle étendit l'humanité sur une sorte de lit de Procuste, et prétendit réduire tous ses membres à la même taille.

« L'égalité ou la mort », disait-on. Comme moyen de flatter la masse, comme moyen de réduire la fierté un peu trop altière et les prérogatives d'une classe qui avait cessé d'être une noblesse d'utilité, comme le dit M. Taine, pour devenir une noblesse d'élégance et d'agrément, c'était fort bien. Comme principe absolu de politique, c'était manifestement exagéré. C'est une grosse question de savoir s'il n'est pas bon pour le pays que certaines personnes aient des droits et des devoirs distincts de la masse, et cela méritait au moins examen.

Toutes les républiques anciennes que parodiait la Révolution avaient une aristocratie de caste ; elles admettaient jusqu'à l'esclavage. Aujourd'hui encore, dans l'Europe entière, la France est le seul pays qui méprise la sienne. En Espagne, en Allemagne, en Autriche, en Angleterre, en Russie, partout il y a encore une noblesse, et l'Europe ne s'en trouve pas plus mal. Il eût été peut-être plus sage de ne pas détruire entièrement l'ancienne aristocratie, qui pouvait rendre encore plus d'un service, et de chercher à faire disparaître de ses rangs les non-valeurs.

Mais il eût fallu pour cela que la Révolution fût faite par des sages et non par des théoriciens.

Il est résulté de ce désordre d'idées la situation actuelle la plus fausse entre la noblesse contemporaine, ou, pour mieux dire, les descendants contemporains de l'ancienne noblesse, et la France démocratique. La noblesse s'est réfugiée dans le culte des souvenirs, et c'est là un ordre d'idées où elle est inexpugnable, car il est impossible de démontrer qu'il soit injuste qu'une famille ayant rendu des services à l'État ait été marquée, pour ainsi dire, d'un caractère moral héréditaire, par un souverain représentant son peuple. C'est ce caractère héréditaire qui est la noblesse. Mais voici où la chose entre dans le domaine de la comédie. Le chaos des idées est tel, que la noblesse a parfaitement reconquis de nos jours une importance matérielle ; et par le fait de qui ? de la démocratie elle-même, qui n'a jamais été, au fond, l'ennemie des décorations, dont les principaux adeptes en ont même porté beaucoup, et qui considère très exactement la noblesse comme étant aujourd'hui une *décoration héréditaire.*

La comédie où l'on voit un marquis ruiné épouser la fille d'un drapier millionnaire, rend bien cette situation. A un certain point de vue, il y a là, de la part de la masse, un hommage instinctif rendu à des souvenirs du passé. Le fait est donc à l'honneur de la France démocratique elle-même. Mais il y a là aussi un indice que la première Révolution, en voulant non pas réglementer, mais détruire absolument toute espèce de différence sociale, a dépassé le but, et que le génie de la nation française ne s'est plus trouvé complètement d'accord avec elle.

En outre, et comme considération accessoire, la noblesse n'ayant plus aucune existence légale, il n'y a plus en France ni tribunaux d'armes, ni autorité compétente. La difficulté pour les familles authentiques de se faire légalement constater a pour conséquence l'impuissance des tribunaux à poursuivre les autres, sans risquer de se tromper à tout instant. D'où une impunité de fait, en matière de fausse noblesse. La démocratie voulait détruire toute noblesse ; elle est seulement parvenue à mélanger la véritable de beaucoup d'alliage.

Si, du moins, en supprimant les distinctions de castes, la démocratie française avait atteint son but d'égalité absolue ! mais les travers que je viens de signaler ne sont rien, à côté de ce danger bien autrement redoutable, qui menace la société française, le règne absolu de l'argent. Certes, les privilèges ont engendré bien des torts et bien des injustices ; mais il y avait, parfois, une certaine élévation d'esprit, de certains élans généreux, où s'incarnait le côté chevaleresque de l'esprit français... dans ses bons moments.

L'argent était tenu en respect par des considérations d'un ordre purement immatériel, qui produisaient pourtant des conséquences pratiques ; à côté des succès procurés par la richesse, on voyait les succès tout aussi réels que procuraient l'honneur et les sentiments élevés. Les charges publiques, même les moins rétribuées, entraient en balance, au point de vue de la considération qu'elles donnaient, avec la fortune la plus considérable. M'objecterait-on que ces charges étaient souvent l'apanage d'une caste, je répondrais que rien, après tout, n'est plus propre à exciter l'émulation entre les citoyens que cette récompense héréditaire accordée aux descendants d'hommes qui avaient rendu des services; que, s'il y avait des abus, ce n'est pas à la démocratie actuelle à les reprocher, car nous en voyons bien d'autres ; que, s'il était humiliant, pour un homme de cœur et de valeur, d'une naissance ordinaire, de faire antichambre chez un grand seigneur, il n'est pas moins humiliant de nos jours de faire antichambre chez un des parvenus de la démocratie, qui ne représente guère, en définitive, que la multitude courtisée avec succès.

Je sais qu'aujourd'hui ce n'est plus ainsi qu'on enseigne l'histoire ; mais il y a une chose au-dessus des forces de tous les partis, même triomphants : c'est de changer le passé ; c'est d'empêcher d'avoir existé, ce qui a existé. On peut empêcher les Français de connaître l'histoire, pour les conduire plus facilement ; on ne peut pas empêcher le passé d'avoir été, et les autres peuples d'Europe et du monde entier de le connaître. Or, l'histoire enseigne avec une complète évidence qu'aux époques même les plus atteintes de préjugés, la grande majorité des citoyens de

valeur pouvaient parvenir avec bien plus de facilité qu'on ne veut se l'imaginer aujourd'hui. On
jugerait très mal l'ancienne noblesse par celle,
toute nominale, qu'on voit à présent. Autrefois
des centaines de charges avaient pour but et
pour effet de conférer cette distinction qui per-
mettait d'arriver aux autres. Même dans l'armée,
qui est de toutes les institutions la plus aristo-
cratique, les preuves exigées étaient parfois
presque de forme ; en plein dix-septième siècle,
Fabert, roturier, devint maréchal de France.
Colbert devint premier ministre. Si le duc de
Villeroy a été longtemps, par une intrigue de
cour, préféré à Villars, assurément ce fut regret-
table. Mais n'a-t-on pas vu, en 1870, le général
d'Aurelle, seul victorieux parmi les nôtres, révo-
qué par suite d'une intrigue démocratique? N'a-
vons-nous pas vu préférer le général Farre au
général Bourbaki? N'est-ce pas le favoritisme
qui nous menace de nous faire perdre l'Algérie?
L'immense majorité des hommes de mérite que
nous voyons sortir de la haute bourgeoisie eussent été, sous l'ancien régime, immédiatement
anoblis, ainsi que cela s'est passé, il n'y a pas

longtemps encore, sous le règne de Napoléon Ier et sous la Restauration.

Et puis, je ne prétends pas que les anciennes institutions eussent dû être conservées intactes jusqu'à notre époque ; il y avait de nombreuses modifications qui devaient résulter de la transformation incessante de l'humanité de siècle en siècle. Je veux seulement dire qu'il y a dans l'idée d'une hiérarchie sociale un principe qui peut être sagement appliqué, qui n'est nullement incompatible avec le concours que tous les citoyens de valeur doivent à la chose publique, en vue de l'intérêt général ; et ceci est tellement vrai, que bien des États d'Europe ont conservé cette institution en la modernisant, et ne paraissent pas avoir à le regretter.

Enfin, ce qui est fait est fait. Nous voici sous le règne de l'argent. Il est contraire à l'égalité que j'hérite d'un titre qui me donnerait entrée à la cour des pairs, mais il n'est pas contraire à l'égalité que j'hérite d'un million, qui me donnera, en fait, le même privilège pour entrer au Sénat.

Toutes nos institutions tendent de plus en

plus à envisager les citoyens au point de vue démocratique, c'est-à-dire comme identiques par le seul fait qu'ils existent, et indépendamment de toute distinction entre eux; et les citoyens songent de plus en plus à une chose unique, c'est à conquérir l'argent, qui crée seul une différence de fait.

Les mœurs, l'armée, le corps judiciaire, la vie de famille, la religion, ressentent puissamment les conséquences de ce nouveau principe.

II

La religion.

La démocratie s'est déclarée l'ennemie absolue et irréconciliable du christianisme, et plus on pénètre au fond de sa pensée, plus on y trouve un athéisme à peu près absolu. C'est dans toute la force du terme ce qu'un éminent écrivain appelait l'État sans Dieu. Ce fait, qui peut étonner au premier abord, ne laisse pas que d'être, au fond, assez logique. La foule agit par passion. Les chefs de la démocratie, pour la diriger et en retirer le profit qu'ils cherchent, ne sauraient faire autrement que de lui présenter les idées les plus propres à la séduire. Or, qu'y a-t-il de plus propre à la captiver que de lui promettre la jouissance? Poussée à la jouissance par instinct, la foule s'entend répéter qu'elle y a droit, et qu'elle l'aura ; car il est de toute évidence qu'un gouvernement qui lui promet le plaisir, l'argent, les satisfactions d'amour-propre et tous les adoucissements matériels a plus de chances de succès auprès d'elle que le christianisme, qui prêche l'abnégation, le désintéressement, la chasteté, la résignation et l'obéissance.

Seulement, au bout d'un certain temps laquelle des deux morales doit nécessairement élever le peuple, le rendre fort et sage, et laquelle doit l'abaisser, l'abêtir et le rendre mou et impuissant d'un effort énergique, là est la question, au point de vue politique.

Au point de vue intrinsèque, il serait tout au moins équitable, avant de persécuter le christianisme, de démontrer sa fausseté. Or, la plupart de ses principaux ennemis ne connaissent ses dogmes que par les attaques qu'on leur adresse, et seraient incapables de la moindre discussion théologique. Ils ne s'aperçoivent pas que cette colère aveugle et passionnée qu'ils manifestent contre lui finit par former un sérieux argument en sa faveur. Qui lui vaut tant d'attaques, sinon d'être d'une nature un peu supérieure à l'humanité, de vouloir l'élever au-dessus d'elle-même ? Pour emprunter une expression à la langue française d'aujourd'hui, les prêtres sont des « gêneurs », qui reprochent à la foule sa passion, aux hommes politiques leur mauvaise foi ; aux démocrates de placer leur intérêt avant la justice ; aux financiers de s'enrichir malhonnêtement ; enfin à certains libéraux d'être bien moins libéraux que lui ; et c'est tellement pour cela qu'on l'attaque, que des protestants ou des hommes irréligieux, s'ils élèvent un instant la voix en faveur d'un principe quelconque de justice immuable, sont facilement traités de cléricaux.

Si la démocratie est sincère, elle doit pourtant chercher à discuter sérieusement et froidement la question. Or, il est incontestable que les dogmes du christianisme ont été bien souvent défendus par des esprits très éminents. Récemment, un des plus célèbres incrédules du siècle, M. Littré, est mort ; six mois auparavant, il s'était converti au catholicisme. La science moderne est loin d'être hostile à la religion ; on se rappelle comment M. Pasteur a réduit au silence M. Pouchet et sa théorie des générations spontanées. En astronomie la théorie incontestée du refroidissement incessant de l'univers est bien singulièrement d'accord avec le dogme de la création *a nihilo*.

Enfin, en ce qui concerne l'humanité, l'effet naturel du christianisme a toujours été de l'améliorer ; car on n'aurait qu'à suivre ses préceptes, et dans la société les chefs seraient bienveillants et désintéressés, le luxe et la vanité seraient remplacés par le désir de faire le bien et de se dévouer les uns aux autres. Qu'on ne dise pas que c'est impossible, car les sœurs de charité et les missionnaires sont encore là pour le prouver, et la démocratie les a sous les yeux.

J'admets, pour un instant, que les dogmes du christianisme ne soient pas vrais ; ne resterait-il pas en lui des préceptes admirables, plus beaux que ceux d'aucune philosophie, et que chacun devrait s'attacher à mettre en pratique dans la limite de ce qu'il peut?

En résumé, le christianisme, aux yeux des chrétiens, est divin ; aux yeux des historiens, il est surnaturel, par les effets qu'il produit, et par sa pénétration du cœur de l'homme ; aux yeux des philosophes, il ne peut être que bienfaisant. Que lui répond-on? Rien ; on le persécute.

Pourquoi donc la démocratie ne persécute-t-elle pas aussi les juifs? Croit-elle plus au Dieu des juifs qu'à celui des chrétiens?

Il est facile de calomnier ; il est facile de dire en pleine Académie qu'au moyen âge un concile a déclaré que les femmes n'avaient pas d'âme. Cela n'a qu'un défaut, ce n'est pas vrai. Il est facile de se moquer des curés et de fonder une popularité fructueuse sur la persécution ; il faudrait d'abord démontrer que l'on est bien sûr que le christianisme se trompe et qu'il n'y a rien après la mort ; il faudrait aussi démontrer que cet instinct du bien et du mal qui est dans le cœur humain, et que le christianisme a été

seul à préciser d'une manière nette et rigou-
reuse, n'est qu'une convention, ou bien une fai-
blesse. Tant qu'il sera vrai de dire que le christianisme s'adresse à ce qu'il y a de meilleur, de
plus généreux et de plus élevé dans l'humanité,
il sera imprudent de le déclarer faux, autant
qu'injuste de le persécuter.

C'est pourtant là qu'en est arrivée, au nom de
la libre pensée, cette démocratie dont le premier drapeau fut celui de la liberté. C'est devenu
une arme électorale, que de déclarer qu'on ne
croit à rien, et le plus grave n'est pas que cela
se fasse, mais que cela réussisse d'une manière
assurée.

Il y a là une conséquence très caractéristique
de cet athéisme de fait qui est entré, il faut avoir
le courage de le dire, dans les mœurs françaises ;
ce n'est pas une question religieuse proprement
dite, c'est une question de mœurs publiques.
Tous les Français ont l'esprit tendu vers un
point fixe comme la boussole vers le pôle : c'est
le culte de l'argent, qui rend la France vraiment
incompatible avec le christianisme, religion de
la générosité et du désintéressement.

III

Les mœurs.

Les mœurs françaises ont donc bien changé, depuis quarante ans, alors que M. Guizot, après avoir été premier ministre, rentrait dans la vie privée avec *neuf* mille francs de rente. Aujourd'hui !... Aujourd'hui la plus cruelle épigramme que l'on puisse diriger contre un homme est de dire qu'il est désintéressé. Je n'exagère pas. Faites à un jeune homme la réputation de ne pas tenir à l'argent, il se mariera mal, personne ne l'appuiera, on sourira de lui comme d'un homme qui n'est pas de son époque; un homme qui n'aime pas l'argent, ne s'enrichira pas, par conséquent c'est un homme sans avenir ; on finira par lui tourner le dos.

Quels sont les salons où se presse, à présent, l'élite de la France, où elle se pressera de plus en plus? Ce sont ceux des juifs ! La race israélite a pris une telle importance, dans toute l'Europe, que l'empire d'Allemagne a craint un moment d'être dévoré par elle comme par une légion de fourmis. Verrons-nous jamais s'éteindre d'une manière aussi imprévue les dangers auxquels nous expose un puissant voisin ? Nous sommes nous-mêmes plus en danger que lui, car nous les fêtons, ces financiers juifs ; nous leur ouvrons toutes nos portes ; c'est grâce à un ministre français qu'ils ont acquis le droit d'être naturalisés dans le nouveau royaume de Roumanie. Une fraternité véritable unit notre finance à celle d'Israël ; et la France devient comme un trait d'union entre tous ces marchands d'or européens qui s'enrichissent en absorbant graduellement une partie de la fortune publique, et cet autre pays de l'or, où l'on s'enrichit aussi, mais par le travail et en produisant, les États-Unis d'Amérique.

Un homme mûr et d'expérience ne peut se transformer en un homme jeune et ne sachant rien. Ainsi la France, pays où la tradition a été poussée jusqu'à la routine ; pays fait pour la tradition à tel point que ce qu'on appelle les idées modernes n'est pas autre chose qu'une tradition nouvelle qui se forme. Ce pays, qui tient de son climat même certaines tendances, plus léger que l'Allemagne, plus énergique que l'Italie, aussi laborieux, mais moins intelligent que l'Angleterre, plus intelligent, mais moins généreux et loyal que l'Espagne, la FRANCE est ce qu'elle est, et non pas ce qu'elle voudrait être. Elle a beau se croire en Amérique, les faits lui rappellent périodiquement qu'elle est en Europe.

J'ai dit qu'au point de vue des mœurs, l'effet de la démocratie est chez nous le règne de l'argent. La conséquence est que la cupidité est devenue une chose respectée, un principe consacré désormais par l'assentiment universel, dans la bonne compagnie aussi bien que chez les classes laborieuses. Le « sou pour livre » de nos domestiques n'est qu'une association publique entre eux et nos fournisseurs, pour nous exploiter et nous forcer à dépenser le double de ce qu'il nous plaît. Les trafics clandestins de nos jardiniers, de nos gardes, sont de véritables fraudes, aussi graves et aussi accentuées que celles que les lois répriment. Les syndicats financiers trompent le public en spéculant à coup sûr sur les valeurs de bourse, ce qui n'est pas beaucoup plus honnête que de jouer avec de fausses cartes. Partout on ne voit que la préoccupation d'amasser promptement.

La haute société française est entrée dans ce courant; il n'y a plus, dans les premiers salons de France, ni vertus, ni mérite personnel, ni talents, ni services rendus au pays qui puissent lutter victorieusement avec les possesseurs de grosses fortunes, acquises n'importe où et n'importe comment. Le « sans dot » de Molière est répété tous les jours au sérieux, non seulement chez des financiers, mais chez tout le monde. « Combien a-t-il? combien a-t-elle ? » est devenu le principe tellement incontesté en matière de mariage, qu'on ne songe même plus à s'élever contre, et que les mariages qui se font d'après des principes différents sont des bizarreries ; on les critique. On a fini par se classer par rang de fortune comme autrefois par quartiers de noblesse ; les gens assez riches pour avoir des hôtels et des chevaux ne consentent à frayer qu'avec leurs semblables. Cette société futile, qui sacrifie tout à l'apparence et à l'intérêt, ne comprend pas qu'elle se suicide, en se laissant aller

à un tel entraînement, et s'ôte toute raison
d'être.

La conversation mondaine ne roule plus que
sur l'argent. Je connais des personnes qui n'ap-
partiennent pas du tout au monde financier, mais
au contraire à l'ancienne société française, et
qui vous citent constamment les chiffres de fortune de tous leurs amis, qu'on ne leur demande
pas. On parle d'un mariage, dans un salon ; de
suite, on récite les dots. Voilà un jeune ménage
classé et jugé sans appel. L'armée est encore re-
cherchée à cause de son uniforme et de sa belle
tenue, bien plus qu'à cause de l'idée élevée
qu'elle représente. Mais le professorat, qui personnifie la science et la formation de la jeunesse ;
mais la magistrature, qui personnifie la justice
et la véritable égalité des citoyens ; tout cela
joue un rôle modeste dans les salons du monde
élégant, ou plutôt on les invite à peine.

Le gouvernement démocratique augmente cet
abaissement en cherchant à faire, des profes-
seurs, des magistrats et des militaires, de simples
instruments de sa politique.

La transformation des mœurs est surtout sensible dans les villes, parce que le mouvement économique et le travail y sont plus considérables et les esprits plus excités. Dans les campagnes, le mouvement démocratique est un peu différent ; il procède plus lentement, mais tout aussi sûrement. Il y a là moins de richesses que dans les villes, mais aussi moins de misères. Les esprits y sont plus calmes et plus tenaces. Le paysan n'est pas démocrate de la même manière que l'ouvrier, lequel est aiguillonné par la misère, la dépense facile de ce qu'il gagne, et le spectacle des fortunes énormes dont sont peuplées certaines villes. A la campagne, la démocratie consiste dans la dépossession lente du propriétaire au profit du paysan.

Le paysan, par un travail tranquille et incessant, draine petit à petit l'argent, qui, du château, passe dans la chaumière. Les paysans, en France, ont tous de quoi vivre ; beaucoup sont riches ; quelques-uns ont de grosses fortunes, notamment en Normandie. Le propriétaire dépense par état, par rang ; c'est souvent un gentilhomme, n'ayant pas assez de fortune pour tenir un rang dans une grande ville, et préférant, comme Jules César, être le premier dans un village que le second dans Rome. Dans ce cas, c'est presque toujours un homme fidèle à de certaines convictions, se raidissant comme il le peut contre l'invasion de la démocratie, tenant à bien représenter, invitant ses voisins, chassant, etc.

Le paysan vit de presque rien. Depuis des siècles, sa famille sait se nourrir, quand il le faut, de légumes et de fromage. Il voyage en troisièmes, quand l'autre voyage en premières ; il dépense huit ou neuf cents francs par an pour se nourrir, là où l'autre dépense dix fois cette somme. N'ayant aucune réputation à conserver, il s'ingénie à tendre au châtelain et à sa bourse une série de pièges, qui réussissent toujours. Ce sont des fermages en retard ; ce sont des dégâts de gibier ; ce sont des agents d'affaires véreux, qui le menacent de procès inouïs, etc. Dans tous les cas, l'autre laisse toujours quelque argent sur le champ de bataille, et le hobereau finit par être la proie du paysan.

Les enfants participent inconsciemment à cette révolution des mœurs. De même que tout est au luxe, l'enfant devient aussi un objet de luxe ; il en a l'élégance et la rareté. Il rappelle ces jeunes poupées qu'on voyait à la fin du dernier siècle, qui, à dix ans, savaient faire la révérence et tourner galamment un compliment. Les costumes d'enfants coûtent des prix fabuleux ; les jouets d'étrennes coûtent 50 et 60 francs couramment; chez les gens très riches, il faut décupler cette somme ; c'est la moitié du traitement d'un employé. Pendant ce temps, l'éducation de l'enfant est efféminée et molle. Dans les classes riches, l'enfant entend répéter autour de lui qu'on ne peut déjeuner à moins de 10 francs, ni dîner à moins de 20 ; que la France est désormais le grand banquier de l'Europe ; que notre armée est redoutable, notre tranquillité assurée, que dès lors rien ne doit empêcher les Français de songer à leur bien-être ; que la fortune est la première garantie de considération ; que les idées anciennes ont fait leur temps, et qu'on réussit mieux par d'adroites et intelligentes spéculations que par des qualités ou des vertus morales.

Dans les classes pauvres, l'enfant quitte de bonne heure l'école pour l'atelier ; il y entend dire que tout le monde a le droit de jouir ; que les hommes ne sont égaux que de nom, quand les uns sont riches et les autres pauvres ; que voilà assez longtemps que les uns souffrent, pendant que les autres augmentent chaque jour leur fortune ; que la cause de la solidarité des peuples s'étend chaque jour ; que le gouvernement est tombé aux mains de la bourgeoisie, qui est moins forte que le peuple ; que celui-ci se lèvera bientôt, non plus pour se laisser vaincre comme au temps de la Commune, mais pour vaincre à son tour et pour jouir, car il est le plus grand nombre, il en a donc le droit.

IV

L'éducation des enfants.

L'instruction publique devrait n'avoir d'autre but que de donner à chacun l'enseignement le plus utile pour lui et pour le pays. Elle s'est ressentie profondément de l'impulsion politique et économique donnée à la France entière. Les programmes universitaires varient avec chaque régime ; ce qui est le plus remarquable, c'est la direction générale de l'éducation publique en France. Les hommes devant être désormais tous égaux, il est logique de leur donner à tous la même éducation, pour préparer l'égalité à venir. Le pays s'en trouvera comme il pourra, le principe sera satisfait, et la démocratie aussi.

Effectivement nous voyons les jeunes gens de toute condition recevoir une éducation semblable ; et comme la science approfondie d'une branche quelconque des connaissances humaines exige beaucoup de travail et beaucoup de temps, on a cherché le moyen de donner à la masse de la nation française un enseignement relatif, suffisant pour lui donner une teinture des choses, pour lui persuader, surtout, qu'elle les connaît réellement, et assez superficiel pour être appris en peu d'années et n'entraver aucune carrière.

Ce moyen, cette panacée d'instruction universelle, si appropriée au tempérament français, c'est le baccalauréat.

La critique de cette institution tient en une ligne ; son programme contient le résumé de toutes les connaissances humaines, et l'on est bachelier à dix-huit ans.

Je sais que les Français se considèrent comme plus intelligents que d'autres ; mais s'imaginer que leurs enfants peuvent avoir une instruction complète à l'âge où chez les autres peuples on commence à s'instruire ! Chez les Anglais, on s'instruit jusqu'à trente ans, dans les universités. Chez les Allemands, on s'instruit toute sa vie. Chez les Espagnols et chez les Italiens, on s'instruit peu, mais du moins on le sait, et l'on n'a pas cette conviction de sa propre instruction qui fait partie de notre caractère.

A dix-huit ans, il n'y a pas un fils de commerçant aisé, qui n'ait, sur parchemin, signée du ministre, la preuve officielle qu'il sait l'histoire, la géographie, les mathématiques, le latin, le grec, etc. Et la conséquence pratique de ce parchemin est de le condamner à ignorer tout cela toute sa vie, précisément parce qu'il s'imagine le savoir.

Le mal est plus grand quand, au lieu du fils d'un commerçant, il s'agit d'un homme né pour les carrières libérales. Cette quantité de connaissances diverses mal apprises, promptement oubliées, rend bien plus difficile de savoir sérieusement quoi que ce soit, car une partie de la jeunesse est déjà perdue, et l'organisation sociale est basée sur cette présomption qu'à dix-huit ans l'éducation est faite.

Voilà comment, en cherchant pour tous une instruction égale, on a donné à tous l'ignorance.

Il n'y a guère d'exceptions que dans le domaine scientifique proprement dit, car les jeunes gens qui veulent devenir médecins, ingénieurs, etc., travaillent jusqu'à vingt-cinq ou trente ans, pour s'instruire, les uns dans les hôpitaux, les autres dans les laboratoires, etc.

Mais que dire des études littéraires, de tout ce qui peut élever et former l'esprit? que dire de l'étude de l'histoire et de la géographie? L'histoire est pourtant l'expérience de l'humanité, et nulle connaissance ne devrait être considérée comme plus fondamentale. Et c'est au moment où la politique s'empare de tout, où la science des faits passés devient, par conséquent, de plus en plus essentielle, que l'on restreint encore le programme de l'histoire, et que, cherchant une arme de parti dans un ordre d'idées qui n'a de valeur que par l'impartialité, on ne veut plus faire commencer l'étude du passé qu'à une certaine époque, postérieurement à certains faits qu'on craint de voir approfondir par les élèves ; on se réserve surtout d'enseigner à des points de vue spéciaux les faits historiques qu'on ne peut cacher.

Par une politique d'autruche, les personnages qui dirigent en France l'enseignement public, s'imaginent que le monde ignorera l'histoire, parce que les Français ne la sauront pas. Ils s'imaginent surtout qu'ils pourront enrayer la logique implacable qui préside à l'enchaînement des faits ; ceux-ci nous enseignent que la ruine morale d'un pays n'est ordinairement que le précurseur de sa ruine matérielle.

V

La famille.

La plus fondamentale de toutes les hiérarchies, celle qui trouve sa raison d'être dans l'essence même de la nature humaine, est celle de la famille. Il était naturel que les anciennnes institutions cherchassent à accentuer cette hiérarchie, et que la démocratie survenant s'efforçât au contraire de la diminuer. C'est ce qui arrive en effet. L'autorité paternelle diminue sans cesse.

Les républiques anciennes, de Grèce et de Rome, avaient tellement compris le principe de la famille, qu'elles donnaient au père droit de vie et de mort sur ses enfants. Sous l'empire du christianisme, il devenait impossible qu'un père eût le droit de tuer son fils. Mais le principe de la famille subsista dans toute sa force, comme établi par Dieu même, et pendant toute l'histoire de France jusqu'à la révolution, le père de famille fut considéré comme doublement respectable, au double titre de père et de chef de la famille. Père, il avait pour lui l'autorité du Décalogue et la force de la nature. Chef de famille, il en possédait seul tous les biens, transmissibles le plus souvent à son fils aîné, qui devenait, après lui, le dépositaire du patrimoine commun, à la charge (on l'oublie aujourd'hui) de protéger toute la famille, qui avait, de son côté, le droit de trouver toujours un asile chez son chef. Il s'ensuivait une union étroite et nécessaire entre les membres de cette famille, dont l'unité de nom n'était pas une chose vaine, mais répondait à une réalité de tous les instants. D'où une déférence pour le chef de la famille, dont on n'a plus l'idée.

La démocratie a vu, dans cette constitution hiérarchique de la famille, un principe qui lui a paru contraire au sien. De même qu'elle a voulu entre tous les hommes l'égalité, de même elle l'a voulue entre tous les descendants d'une même personne, et pour y arriver elle a inscrit, dans ses lois, des dispositions qui restreignent l'autorité du père de famille non seulement comme père, mais comme propriétaire, à ce point que les enfants d'un homme sont propriétaires de la fortune de leur père, de son vivant, plus que lui-même, qui n'en est presque que l'administrateur ; et, après avoir posé en principe que les substitutions sont interdites, la loi en crée une véritable de fait, au profit de tous les enfants et par portions égales.

Qu'on saisisse bien ce point essentiel. La loi actuelle fait d'avance, sauf le montant des chiffres, pour la moitié, ou les deux tiers, ou les trois quarts de sa fortune, suivant le nombre de ses enfants, le testament du père. Cela s'appelle la *réserve*, et ce dont on veut bien lui permettre encore de disposer, s'appelle la *quotité disponible*.

Le vice de ce principe est le même que celui des autres principes démocratiques ; il est trop absolu. Vous vous plaignez des abus causés par un principe absolu, et vous avez raison. Mais alors pourquoi en poser un autre qui l'est tout autant ? Ne peut-on pas dire que vous nous tirez de Charybde pour nous jeter en Scylla ? Vous voulez être des bienfaiteurs en détruisant certains principes trop fixes que vous prétendez s'opposer comme une barrière immuable à l'expansion de l'humanité, et voilà que vous élevez d'autres barrières, différentes, mais tout aussi fixes, tout aussi tyranniques, qui doivent engendrer des inconvénients à leur tour et qui en engendrent.

Il est considéré aujourd'hui comme de toute justice que les enfants d'une même personne aient toutes la même fortune. Pendant mille ans, on a considéré le contraire comme étant aussi parfaitement juste ; qui est dans le vrai ? Y a-t-il même un vrai absolu dans un tel sujet ? Cela n'est-il pas un peu contingent, et ne varie-t-il pas suivant l'ensemble des autres principes admis ? N'entendez-vous pas les ennemis de toute société, les égalitaires socialistes, dire qu'il est juste que les enfants d'un même père soient égaux en fortune, mais que, pour un motif exactement analogue, il est juste que tous les hommes aient aussi la même fortune ? Vous trouvez juste que l'Etat m'empêche de disposer de mon bien, que j'ai gagné, et dont mes enfants sont propriétaires plus que moi-même ; que répondrez-vous quand l'Etat, étendant son principe de tutelle, confisquera vos biens au profit d'une collectivité quelconque ? Ne sommes-nous pas déjà menacés de voir un impôt progressif, qui n'est qu'une confiscation déguisée de tout ce qui dépasse le niveau commun ?

Lorsque la loi a interdit les substitutions, elle a pris une mesure libérale, une mesure d'affranchissement, car je ne suis pas vraiment propriétaire du bien qui me vient de mon père, si je ne puis faire autrement que de le transmettre à mon fils aîné. Mais, quand la loi oblige le père à partager sa fortune d'une manière déterminée, elle devient oppressive elle-même, restrictive de la liberté! Elle a pris ce cachet de fausse liberté et d'oppression véritable, qui est l'un des traits distinctifs de la démocratie en France. Ce jour-là, le père de famille a été lésé par l'Etat dans son droit de propriétaire.

Les conséquences de ce principe sont innombrables. Le père de famille est moins respecté, parce que l'enfant craint moins d'être déshérité. Les familles sont moins nombreuses, parce que, plus un père a d'enfants, plus ceux-ci sont condamnés à un rang inférieur dans la société par leur peu de fortune. En même temps, la femme, qui apporte autant de fortune que son mari, joue un rôle égal et parfois supérieur au sien dans la direction de la famille. Pour achever de détruire l'autorité du père, les tribunaux eux-mêmes usent de leur toute-puissance pour faire trop souvent pencher la balance du côté de la suprématie de la femme. Et l'on a vu un des tribunaux les plus éclairés pourtant, le tribunal de la Seine, dire qu'un père de famille n'a pas le droit, en changeant de domicile, d'emmener ses enfants avec lui, quand ce père a obtenu contre sa femme un jugement de séparation, parce que cela empêcherait la belle-mère de ce père de *voir ses petits-enfants avec la même facilité* (affaire de Beaumont *c.* de Castries).

Je dois à la vérité de dire que ce jugement a été cassé par la cour. Mais quel chemin ont fait les idées !

VI

La justice.

Dans l'ordre judiciaire, indépendamment de ce que le gouvernement actuel ne recrute son personnel que d'après des préoccupations politiques, le principe démocratique a donné lieu à certaines institutions curieuses, telles que le jury. Il produira plus tard une autre conséquence : ce sera la magistrature élue par le peuple. Cela paraît improbable à présent ; mais ce que nous voyons n'eût-il pas été improbable il y a cinquante ans ? La magistrature élue est la conséquence fatale du principe démocratique, tout le monde égal, tout le monde électeur, tout le monde soldat, tout le monde propriétaire (du moins c'est ce qu'on dit aux campagnes), pourquoi pas tout le monde juge, ne fût-ce que par délégation ?

On n'a pas encore osé le faire ; on a pris un terme moyen, qui est le jury ; cela durera probablement ce que durent les termes moyens. Le jury repose sur ce principe de la démocratie qui est : tout le monde compétent pour juger.

Une affaire exceptionnellement grave se présente ; il y a des hommes réputés aptes à la juger, qui ont été nommés à leurs fonctions à cause de leur connaissance des lois, qui ont une grande habitude de leur pratique, et qui connaissent bien les criminels. Ce sont les magistrats. Va-t-on leur faire juger l'affaire? Nullement. On les écarte, à cause même de leurs connaissances spéciales, et précisément parce qu'ils sont magistrats ; on craint leur tournure d'esprit. On leur préfère les premiers venus, précisément parce qu'ils sont les premiers venus, et qu'ils n'ont pas d'autre qualité que celle de citoyen. Voilà le jury.

Il va sans dire que la mise en pratique de ce principe a les plus bizarres résultats. Autant le jury est un auxiliaire utile de la magistrature quand il s'agit de faits entraînant la peine capitale, parce qu'il y a dans ce cas une responsabilité bien lourde pour un homme, autant cette présomption contre la magistrature, qui est la raison d'être du jury, est illogique pour les affaires moins graves. Aussi voit-on des aberrations innombrables, suivant les avocats qui plaident, suivant le talent de l'avocat général, suivant les incidents qui se produisent, etc.

On m'a cité un jury fort embarrassé, parce qu'après avoir à décider si un homme était coupable, il avait à se prononcer sur des circonstances aggravantes. Les jurés étaient à l'unanimité d'avis d'un acquittement, mais se demandaient avec anxiété ce qu'ils devaient dire relativement aux circonstances aggravantes.

Dans un autre jury, se trouve un homme qui vote *oui*, croyant voter *non*, parce qu'il prétend dire : *oui, l'accusé n'est pas coupable* (textuel).

Le jour où nous serons jugés par des magistrats élus, ce sera bien autre chose.

De toutes les institutions fondamentales, la justice est de beaucoup la plus atteinte par les idées démocratiques. Il y a là deux principes en antagonisme dont aucun ne peut céder ; il faut que l'un des deux détruise l'autre. La justice est un principe absolu, existant par lui-même, et qu'on ne peut faire fléchir sans la détruire en entier. Quand tous les Français seraient d'accord pour vouloir spolier un citoyen, celui-ci n'en aurait pas moins le droit pour lui. Le droit d'un citoyen étant lésé, les droits de tous les citoyens sont atteints par ce seul fait, et c'est ce qui explique les protestations du corps judiciaire lorsque, dans des circonstances récentes, le gouvernement a substitué, par un artifice de procédure, l'action politique à l'action judiciaire. Les magistrats républicains ont protesté aussi bien que les autres, parce que la plus légère atteinte portée à la justice la touche dans son essence. Une justice qui consent à obéir aux exigences de la politique n'est plus la justice, et la carrière judiciaire sera probablement délaissée de plus en plus par les hommes honorables, pour devenir une des nombreuses carrières ouvertes à la démocratie.

La société moderne a pourtant, plus que toute autre, besoin de la justice. Dans l'état de barbarie, chacun se fait justice soi-même, et en a le droit. Chacun est une force. Dans l'état féodal, chaque seigneur est dépositaire d'une autorité légitime, et est une force. On peut trouver aide et protection d'un seigneur contre un autre seigneur. Dans un grand État centralisé comme la France moderne, il n'y a qu'une seule force, qui a seule le droit de faire justice à chacun, c'est l'État lui-même. Voilà pourquoi, lorsque l'Etat donne l'exemple de l'injustice, il n'y a plus de remède, et mieux vaudrait la barbarie.

Les peines appliquées aux coupables ne pouvaient pas rester les mêmes que sous l'ancien régime ; mais au point de vue criminel, il faut noter les accès de sensibilité dont la démocratie a toujours fait preuve. L'abolition de la torture n'a été qu'un bien ; mais on peut se demander si le but n'a pas été parfois dépassé, et si les châtiments infligés aux coupables sont toujours bien efficaces.

Par pitié pour les assassins, on veut supprimer la peine de mort. On a supprimé les peines corporelles. Que reste-t-il? La prison un peu plus ou un peu moins longue, et la déportation.

Sur les criminels endurcis, celle-ci ne fait aucun effet, au contraire ; ils aiment bien mieux faire aux frais de l'État un voyage à la Nouvelle-Calédonie, que d'être au régime des maisons centrales. On a vu des voleurs devenir exprès meurtriers pour en arriver là.

Mais les malfaiteurs ordinaires vont en prison. Cette peine est très dure pour un homme qui en est à sa première faute ; mais qui ne sait que lorsqu'un homme a dix, quinze condamnations sur son casier judiciaire, on peut le considérer comme voué à perpétuité à de nouvelles condamnations? Le régime de la prison est, du reste, tellement adouci, que beaucoup de gens du peuple sont mieux là que chez eux. Il y a bien des cas où une correction corporelle, à la manière anglaise, ferait plus d'effet au coupable, et remplirait mieux le but que cherche la société en permettant de renvoyer de suite l'homme à son travail.

Il serait barbare de faire l'éloge de la torture, mais est-il juste de punir un assassinat de la même manière que dix, et la mort ne semble-t-elle pas, parfois, un supplice trop doux pour certains parricides, et certains forfaits que l'on voit aux cours d'assises ?

En général, l'influence démocratique rapproche de plus en plus les criminels de l'impunité.

Quel pays, pourtant, a plus besoin d'une justice parfaite? Nous sommes dans une période d'enfantement et de transformation politique. Ce devrait être un motif de plus, pour qu'au milieu du changement de tout le reste, la justice soit un principe inébranlable, un point de repère fixe et sûr. La France entre de plus en plus dans la voie de la production, du travail; raison de plus pour avoir des tribunaux au-dessus de tout soupçon, et à l'abri de la politique. Le commerce et l'industrie ne peuvent vivre s'il n'y a des tribunaux équitables. Mais le pays voit ébranler ses institutions, et peu lui importe; ce corps judiciaire, formé en soixante-dix ans, et qui pouvait servir de modèle en Europe, est sérieusement atteint.

Je prends deux points de comparaison: l'Angleterre ou l'Allemagne et l'Espagne. Chez les premiers, la justice est bonne, le commerce et l'industrie s'y développent à l'aise. Chez la troisième, malgré beaucoup d'autres et excellentes qualités, les tribunaux sont mal organisés; il est difficile de s'y faire rendre justice. La conséquence en est simple; malgré la richesse de ses mines et de son sol, l'Espagne n'est pas exploitée; il est assez rare que l'on entreprenne l'exploitation d'une mine en Espagne, souvent ceux qui l'entreprennent y renoncent. Aussi ce pays offre-t-il un aspect économique assez modeste.

Plus la France tient à travailler et à s'enrichir par sa production et son industrie, plus elle devrait traiter en malfaiteurs publics les hommes qui portent de si graves atteintes à sa justice, dans un intérêt politique, et par esprit de parti.

VII

L'armée.

Le point de vue militaire ne peut-être traité, même dans une brochure obscure, qu'avec de grands ménagements, car il importe, même quand l'organisation est dans une voie dangereuse, de ne porter aucune atteinte à la confiance, qui est en elle-même une force.

Dans l'ordre d'idée militaire, la démocratie s'est manifestée par le service universel et obligatoire; mais il est à craindre que la transformation ne soit qu'à son début, et que la véritable armée démocratique, ainsi que l'ont toujours proclamé les programmes radicaux, ne soit le peuple entier armé ; la garde nationale ou l'armée territoriale perfectionnée. Qui sait même si le dernier mot de ce programme ne sera pas de faire nommer les officiers par leurs soldats ?

De telles idées nous font bondir. Nous les jugeons, à bon droit, destructives de l'armée elle-même, et de la sécurité du pays. Mais rétrograde-t-on bien à volonté, quand il s'agit de l'application d'un principe, et le principe démocratique ne gouverne-t-il pas la France en maître absolu ?

Notre armée actuelle pense être à la fois une armée d'attaque et une armée de défense. Pourtant, malgré nos cinq cent mille hommes d'armée permanente, qui coûtent au budget annuel cinq cent cinquante millions, c'est-à-dire quatre vingts millions de plus que le budget de guerre de l'empire d'Allemagne, notre armée serait probablement insuffisante pour attaquer un pays quelconque européen.

D'autre part, l'armée de défense proprement dite est l'armée territoriale, institution neuve, sur laquelle on se flatte peut-être un peu ; elle n'a encore été mise à aucune épreuve sérieuse.

Ce qui a séduit la démocratie, dans les lois militaires actuelles, c'est la théorie du peuple entier armé ; mais à quoi donc sert l'histoire, sinon à démontrer que la discipline, à tous les âges de l'humanité, l'a toujours emporté sur le nombre ? Nous avons été vaincus il y a dix ans par une armée d'Allemands, supérieurs en nombre ; mais nous devons ajouter qu'ils nous étaient aussi supérieurs par la discipline. N'est-il pas inquiétant de voir que notre armée permanente doive incorporer, au moment le plus important, une nuée de soldats réservistes et territoriaux, dont le moindre défaut pourrait être de manquer de discipline ?

L'élément militaire entend bien conserver l'armée permanente telle qu'elle est ; le gouvernement entend la conserver aussi, en raison des nécessités de la politique intérieure. Mais cette théorie du peuple armé comporte un principe démocratique et absolu, avec lequel on ne transige pas aisément. Il est à craindre qu'elle ne réduise l'armée permanente à un chiffre de plus en plus faible de soldats, et elle y tend déjà. Ne voit-on pas les radicaux demander la réduction du service de cinq ans à trois ans ? Ensuite, pourquoi ne pas le diminuer encore ? Sans aller jusqu'à la théorie de **M.** Garnier-Pagès, sous l'empire, qui a proposé sérieusement les « pompiers armés », il est évident qu'il y a de la distance entre la suppression de l'armée permanente et l'armée actuelle ; les radicaux auront du reste deux puissants auxiliaires : les considérations budgétaires, qui protestent contre l'énorme budget de la guerre pour le temps de paix, et la secrète complicité des électeurs, qui parlent bien haut en faveur de l'armée française et qui, au fond du cœur, ont le désir de servir le moins possible.

Est-il logique de leur en vouloir? l'ensemble d'idées démocratiques ne prêche-t-il pas précisément le culte de la jouissance et le droit au bien-être? Que font au peuple les vertus civiques des anciennes républiques? Il est accoutumé à ne chercher en toutes choses que son intérêt. Il applaudira par respect humain les hommes qui parlent de dévouement et de patrie, mais dans le secret de son cœur et du scrutin, il donnera sa voix aux hommes qui le feront servir le moins possible, lui et ses enfants.

Ce n'est pas seulement dans le bas peuple que ces idées se répandront; c'est au moins autant dans la bourgeoisie. Depuis le commencement du siècle, les écoles militaires ont été peuplées soit par l'amour de tout ce qui est énergique et viril, qui caractérise la jeunesse, soit par l'orgueil du nom, soit par l'élévation d'esprit et le désintéressement.

Aujourd'hui, le point de vue change, et personne ne me démentira si j'affirme que bon nombre de jeunes gens cherchent à devenir officiers pour éviter d'être simples soldats. Je sais bien qu'une fois au régiment le vieux sang français se retrouve, et qu'ils deviennent de très bons militaires. Mais que sera-ce quand les idées actuelles auront régné longtemps?

VIII

Le mouvement littéraire et artistique.

Le mouvement intellectuel et artistique est intéressant à envisager aussi. Nous avons une multitude d'hommes de talent, et pas d'hommes de génie. Je ne parle pas de Victor Hugo, qui n'est plus, à proprement parler, un contemporain, et auquel la démocratie n'a pas porté bonheur. La littérature, elle aussi, a perdu en qualité ce qu'elle a gagné en quantité. Il y a maintenant des centaines d'écrivains d'un talent incontestable, et, parmi eux, bien peu d'hommes supérieurs.

On observe, on observe beaucoup, mais quoi? Pour se faire remarquer, les uns fixent l'attention du public sur certaines laideurs de l'humanité, plus repoussantes que les autres, que jusqu'alors on avait laissées de côté. Beaucoup écrivent des feuilletons de journaux, genre qui consiste surtout dans la rapidité du style, et l'accumulation d'un grand nombre de faits invraisemblables. D'autres, plus nombreux, font du journalisme politique ; et, depuis la droite jusqu'à l'extrême gauche, toutes les opinions sont représentées par de nombreux journaux, où des écrivains d'un égal talent défendent des idées contraires. Comme le meilleur moyen de plaire à la foule est de lui prêcher les idées qu'elle a déjà, la plupart des jeunes écrivains se font républicains. On ne se figure pas ce qui se dépense ainsi tous les jours d'esprit, de talent, et même de conviction.

Le roman, comme le théâtre, commence à se faire démocrate, c'est-à-dire à rechercher de plaire à la foule. Jadis, des écrivains tels que M. Jules Sandeau, M. Octave Feuillet et quelques autres, s'attachaient à l'observation, à la finesse et à la perfection du style, en même temps que leurs œuvres soulevaient et discutaient des idées, des questions d'une nature élevée.

Aujourd'hui, on offre au public des mets plus accentués qui lui plaisent davantage. On met en scène les scandales mondains, qui se chuchotent dans les salons ; on raconte des histoires réellement arrivées à des personnages connus, que l'on déguise à peine. Les personnages ne peuvent se défendre, mais le public s'amuse, et le livre se vend. D'autres écrivent dans le genre réaliste, dont le nom seul indique la tendance.

Nous sommes déjà loin de la poésie de Lamartine, de l'élégance incomparable de Chateaubriand ; il semble que, depuis eux, la France ne soit plus le même pays.

Le théâtre est entre deux écueils ; les pièces à spectacle, et les pièces politiques. Quant à l'observation fine, elle ennuie. On vient au théâtre pour s'amuser, plus pour observer. Les pièces nouvelles sont nombreuses, et souvent jolies ; mais quand reviendra l'observation portant sur des sujets qui peignent l'époque dans son essence, tels que *le Duc Job, le Gendre de M. Poirier, le Demi-Monde?* Le théâtre devient américain ; la grande chose est de gagner des dollars, et *Michel Strogoff* rapporte plus d'argent que *l'Aventurière.*

La musique résiste davantage à l'influence de la démocratie que la littérature. La seconde ne s'adresse qu'à l'esprit, et ne peut être bien comprise de la foule qu'à la condition d'être à sa portée. La musique s'adresse à la fois à l'esprit et au sentiment, j'allais presque dire aux *sens*. Elle s'adresse plus à l'esprit quand elle est allemande, plus au sentiment quand elle est italienne, mais en réalité toujours aux deux. Le peuple y est, dès lors, plus accessible. Mais il faut remarquer qu'il est toujours séduit davantage par une musique en dehors et facile à retenir; ou bien, il se jette parfois dans l'excès contraire et ne veut admirer que des œuvres spéculatives qu'il ne comprend pas.

Les grands chefs-d'œuvre ont été faits pour des cénacles; ainsi en est-il des œuvres de Mozart; ainsi en est-il, même en peinture, de beaucoup d'œuvres de l'école italienne; les artistes ont besoin d'être encouragés, et d'abord d'être compris : Shakspeare à la cour d'Élisabeth, Gœthe à celle de Weimar, le Tasse à Ferrare, Wagner à la cour de Bavière, en sont des exemples.

En démocratie, le génie habite une mansarde; il lui faut lutter pour vivre, en travaillant pour la gloire : le poète ne trouve pas de libraire; le musicien, pas d'éditeur. Tout ce que Balzac a écrit là-dessus est au-dessous de la vérité. Les prix de Rome, qui sortent du Conservatoire, donnent des leçons pour vivre. Puis, quand on a tant fait, on produit son œuvre à la foule, qui ne le comprend pas.

Dans vingt ans, tous les jeunes gens qui sentiront en eux-mêmes une étincelle de feu sacré, l'étoufferont soigneusement. Ils se feront clercs de notaire, commis d'agent de change, employés de magasin, tout plutôt qu'artistes. Et, poussant jusqu'au bout les principes contemporains, il sera nécessaire d'avoir de l'argent, avant de se demander si l'on a du talent.

IX

Conclusion.

Ai-je exagéré cette étude ? Je crains que non. Je serais bien heureux de m'être trompé, mais il me semble qu'il y a bien des ombres au tableau. Il faudra que le principe démocratique s'arrête dans son développement, sinon toutes nos institutions vitales sont menacées. Que dis-je ? Elles sont atteintes déjà.

Mais le remède ? Le remède est de faire le contraire de ce qu'on fait : développer les idées morales ; créer des distinctions honorifiques dont les financiers soient exclus ; faire que les fonctions publiques soient une arche sainte, où ne serait admise que l'élite du pays ; rendre inamovibles, dans le corps judiciaire, jusqu'aux juges de paix ; rendre au pays la liberté religieuse ; permettre à tout le monde de faire le bien, fût-ce à l'abri d'un couvent ; donner aux jeunes gens une instruction complète et leur apprendre impartialement l'histoire, au lieu de leur donner des diplômes ; se garder surtout de croire qu'un pays peut vivre uniquement d'industrie et de commerce, car la moindre guerre peut changer tout cela. Enfin, il faut avoir le courage de résister au suffrage universel : les grands actes politiques du prince de Bismarck ont été faits *malgré* l'opinion publique ; ensuite elle les a ratifiés.

Sinon, les écueils sont proches, et ce ne sont pas les pilotes actuels qui nous en sauveront. On pourra répéter une fois de plus le mot d'un des premiers diplomates du siècle, qui, après avoir fait l'éloge des qualités françaises, finit en disant : *les Français peuvent tout faire... hormis se conduire eux-mêmes.*